50 PROFESSIONS DU PASSÉ

Mike Ciman
Copyright © 2024 Mike Ciman
Tous droits réservés

INDEX

INTRODUCTION 6
1. RÉVEILS HUMAINS 8
2. ALLUMEUR DE RÉVERBÈRES 9
3. RÉSURRECTIONNISTE 12
4. ACTEURS DE LA RADIO 14
5. PLAQUEURS DE QUILLES 16
6. OPÉRATEURS TÉLÉPHONIQUES 17
7. LAITIER 20
8. OUVREUSE DE CINÉMA 22
9. DACTYLOGRAPHE 24
10. OPÉRATEUR DE RONÉOTYPE 25
11. MESSAGER TELEGRAM 28
12. OPÉRATEUR TÉLEX 30
13. ATTRAPEUR DE RATS 32
14. AIGUISOIR À COUTEAUX 33
15. OPÉRATEUR DE CINÉMA 35
16. ACCORDEUR DE PIANO 37
17. VENDEUR DE LAMPES 39
18. LECTEUR DE COMPTEURS DE GAZ 41
19. OPÉRATEUR D'ASCENSEUR 43
20. CIREURS DE CHAUSSURES 45

21. VENDEURS DE GLACES 46
22. LAITIERS À CHEVAL 48
23. OPÉRATEUR DE MACHINE À ÉCRIRE ÉLECTRIQUE 50
24. OPÉRATEUR DE LANTERNE MAGIQUE 52
25. CHAPELIER 54
26. OPÉRATEUR TÉLÉGRAPHIQUE 55
27. OPÉRATEUR PBX 57
28. ALCHIMISTE 59
29. PHRÉNOLOGUE 61
30. BARBIERS - SAIGNEURS 63
31. SERVITEUR DE FORGE 64
32. COUPEUR DE GLACE 66
33. VENDEUR DE LAIT DE CHÈVRE 68
34. OPÉRATEUR DE LINOTYPE 69
35. OPÉRATEUR DE TÉLÉTYPE 71
36. RÉPARATEUR DE PARAPLUIES 73
37. OPÉRATEUR DE PROJECTEUR DE DIAPOSITIVES 75
38. OPÉRATEUR DE MACHINE À CALCULER 77
39. VENDEUR À DOMICILE 79
40. OPÉRATEUR DE FOUR 81
41. CORRECTEUR D'ÉPREUVES 83
42. TAILLEUR 85
43. LES BATELIERS 87

44. LIVREUR DE JOURNAUX 89
45. CRIEUR PUBLIC 91
46. POISSONNIÈRE 92
47. VENDEUR DE VIDÉOCASSETTES 94
48. LECTEUR D'USINE 96
49. CONTEUR 97
50. RAMONEUR 99

INTRODUCTION

Bienvenue dans le monde fascinant des **professions du passé**. Dans cet ouvrage, nous vous invitons à un voyage dans le temps pour découvrir **50 professions** qui ont joué un rôle important au cours de l'histoire, mais qui, en raison des progrès technologiques et de l'évolution des besoins de la société, ont été progressivement abandonnées, remplacées par de nouvelles formes de travail ou ont dû se réinventer.

Dans un passé pas si lointain, ces professions faisaient partie de la structure de base de nombreuses communautés, soutenant les économies locales et fournissant des services essentiels au fonctionnement de la société.

Du **réveil humain** aux **acteurs radiophoniques**, du **lecteur d'usine** à l'**opérateur de machine à calculer**, chaque profession avait une histoire et des caractéristiques spécifiques grâce auxquelles elle contribuait à améliorer la vie en société.

Dans ce livre, vous en apprendrez davantage sur le travail acharné et les compétences requises pour exercer ces professions, qui sont aujourd'hui presque disparues ou oubliées. Chaque profession est une fenêtre sur le passé, avec des histoires, des tâches spécifiques, des curiosités et des défis à relever pour se réinventer ou disparaître en raison de l'évolution de la technologie et de la transformation de la vie en société.

Préparez-vous à un **voyage intéressant et instructif** en vous plongeant dans les **professions du passé**, en découvrant leurs histoires fascinantes et en réfléchissant à l'héritage qu'elles nous ont laissé.

La liste des métiers mentionnés ici n'est pas exhaustive ; d'autres métiers sont également devenus obsolètes au fil du temps. *Peut-être devrions-nous continuer à les explorer dans un deuxième livre sur ce sujet, qu'en pensez-vous ?*

De même, certaines des professions qualifiées ici de disparues ou de rares peuvent encore exister dans certaines parties du monde, mais elles sont beaucoup moins répandues qu'elles ne l'étaient dans le passé.

1. RÉVEILS HUMAINS

Cette profession particulière consistait à réveiller les gens le matin, avant l'invention des réveils mécaniques et électroniques. Ces personnes étaient engagées pour frapper aux portes ou même entrer dans les chambres afin de réveiller les résidents à des heures précises.

Les réveils humains avaient généralement des heures fixes pour réveiller leurs clients, répétant souvent la même routine chaque jour.

Ils pouvaient utiliser différentes méthodes, comme frapper aux portes, fredonner des chansons, parler fort ou même utiliser des instruments de musique pour s'assurer que les gens se réveillent à temps.

Les réveils humains pouvaient être indépendants ou loués par des hôtels, des auberges ou même des familles aisées qui souhaitaient un réveil personnalisé et ponctuel.

Curiosités

- Avant la prolifération des réveils mécaniques et électroniques, les réveils humains jouaient un rôle essentiel en veillant à ce que les gens se réveillent à temps pour leurs activités quotidiennes, telles que le travail, l'école ou les événements sociaux.

- Certains réveils humains ont acquis une réputation locale pour leur capacité à réveiller même les dormeurs les plus endormis, en utilisant des méthodes créatives et efficaces pour s'assurer que leurs clients ne manquent jamais leur matin.

- Avec les progrès de la technologie et la généralisation des réveils mécaniques, puis numériques, la profession de réveilleur humain a pratiquement disparu, ne subsistant que dans des niches culturelles ou comme curiosité historique.

2. ALLUMEUR DE RÉVERBÈRES

L'allumeur de réverbères était un personnage incontournable dans les rues des villes avant que l'électricité ne se généralise. En l'absence d'éclairage électrique, les lampes à gaz éclairaient les rues. Ces professionnels avaient pour mission d'allumer et d'éteindre manuellement les lampes, afin que les rues restent éclairées pendant la nuit et s'éteignent à l'aube.

L'allumeur de réverbères commençait généralement son travail à la tombée de la nuit, lorsque l'obscurité commençait à envahir les rues de la ville.

Muni d'un long bâton muni d'une flamme à son extrémité, il parcourait les rues en allumant soigneusement chaque lampe. Ce processus exigeait de l'habileté et de la précision, car les lampes devaient être allumées à des heures précises pour garantir un éclairage adéquat tout au long de la nuit. Tôt le matin, le briquet revenait pour éteindre les lampes, terminant ainsi son service.

Les allumeurs de réverbères étaient généralement des hommes engagés par les autorités locales ou les compagnies de gaz chargées de l'entretien de l'éclairage public. Il s'agissait souvent de personnes issues de la communauté locale qui connaissaient bien les rues et possédaient les compétences techniques nécessaires pour effectuer un travail efficace.

Curiosités

- La profession d'allumeur de réverbères a souvent été associée à une image romantique, avec des histoires de travailleurs solitaires parcourant les rues la nuit pour éclairer la ville.

- Certains allumeurs de réverbères ont développé des techniques uniques pour effectuer leur travail plus efficacement, comme la mémorisation des heures d'allumage de chaque lampe ou même la création d'appareils spéciaux pour faciliter ce processus.

- Avec les progrès de l'électrification, le métier d'allumeur de réverbères a progressivement disparu, devenant un souvenir nostalgique d'une époque révolue.

- Dans certaines villes historiques, comme Londres et Prague, on peut encore assister à des événements spéciaux au cours desquels des lampes à gaz sont allumées pour recréer l'atmosphère du passé.

3. RÉSURRECTIONNISTE

Les résurrectionnistes sont des personnes qui s'adonnent à la pratique illégale consistant à déterrer des cadavres récemment enterrés. Cette activité était menée dans le but de vendre les corps à des écoles de médecine et à des instituts de recherche scientifique, qui les utilisaient pour des études anatomiques et des expériences médicales.

Les résurrectionnistes travaillent clandestinement et de nuit, utilisant des pelles et des lampes de poche pour déterrer les corps dans les cimetières. Ils essaient de travailler rapidement et discrètement pour éviter d'être repérés par les autorités ou la population locale.

Les résurrectionnistes peuvent être des criminels spécialisés dans cette pratique ou des personnes ordinaires qui ont recours à cette activité pour gagner un peu plus d'argent.

Ils courent des risques importants, tels que des sanctions légales sévères s'ils sont pris, ou la possibilité de contracter des maladies contagieuses en manipulant des cadavres.

Curiosités

- La pratique de la résurrection des cadavres était courante aux XVIIIe et XIXe siècles, lorsque la demande de corps pour les études médicales dépassait l'offre légale de cadavres.

- Les résurrectionnistes agissaient souvent en collusion avec des responsables de cimetières corrompus ou étaient soudoyés par des médecins et des scientifiques à la recherche de cadavres pour leurs recherches.

- Avec l'adoption de lois plus strictes et le développement de méthodes de conservation des cadavres à des fins d'études médicales, la pratique de la résurrection des cadavres a progressivement diminué et est devenue obsolète.

4. ACTEURS DE LA RADIO

Les acteurs radio ont joué un rôle essentiel dans l'âge d'or de la radio, en interprétant des personnages dans des feuilletons radiophoniques, des drames, des comédies et d'autres programmes. Ils transmettaient des émotions et étaient capables de raconter des histoires en utilisant uniquement leur voix, sans l'aide d'images visuelles.

Les acteurs et actrices de radio étaient passés maîtres dans l'art de la voix. Ils donnaient vie à des personnages par leur voix, transmettant des émotions par l'intonation et l'expression de leur voix. Avec seulement des microphones et des salles de studio, ils pouvaient créer des mondes imaginaires pour les auditeurs, capter leur attention et leur imagination.

Les acteurs et actrices de la radio viennent d'horizons très divers, notamment du théâtre, du cinéma et de la télévision. Nombre d'entre eux étaient des artistes talentueux qui ont trouvé dans la radio une plateforme unique pour mettre en valeur leurs talents de comédiens. Certains grands noms du cinéma et de la télévision ont également commencé leur carrière à la radio.

Curiosités

- L'ère de la radio a été un âge d'or pour le divertissement auditif, les émissions de radio étant le principal moyen de divertissement à domicile avant la télévision.

- Les acteurs radiophoniques étaient connus pour leur polyvalence, jouant un large éventail de personnages dans différents genres de programmes.

- Avec l'arrivée de la télévision, la radio a progressivement perdu son rôle de principal divertissement domestique, ce qui a entraîné le déclin de la profession d'acteur de radio.

- De nombreux programmes radiophoniques classiques sont toujours appréciés pour leur qualité et leur nostalgie, ce qui permet d'en conserver la mémoire.

5. PLAQUEURS DE QUILLES

Les poseurs de quilles remplissaient une fonction essentielle dans les salles de bowling avant que le système ne soit entièrement automatisé. Ils étaient chargés de remettre manuellement les quilles en place après le tour de chaque joueur.

Dans les anciennes salles de bowling, les quilleurs se tenaient derrière les pistes, prêts à entrer en action après chaque tir. Lorsque les quilles tombaient, ils les ramassaient et les remettaient dans la bonne position pour permettre le coup suivant. Ce travail exigeait rapidité et précision, car les joueurs s'attendaient à ce que les quilles soient replacées rapidement pour pouvoir continuer leur partie.

Les quilleurs de bowling étaient souvent des jeunes embauchés par les salles de bowling elles-mêmes pour effectuer cette tâche manuelle. Il s'agit souvent d'adolescents à la recherche d'un emploi à temps partiel ou d'un moyen de gagner un peu d'argent supplémentaire.

Curiosités

- Le travail de valet de quilles était souvent difficile et exigeant, en particulier dans les salles de bowling très fréquentées où le rythme de travail pouvait être effréné.

- Certains monteurs de goupilles ont mis au point des techniques spécifiques pour accroître leur efficacité, par exemple en utilisant différentes méthodes pour déplacer les goupilles afin de réduire leur temps et leurs efforts.

- Avec les progrès de la technologie, des machines automatiques de bowling ont été introduites et ont remplacé les poseurs de quilles humains.

- Bien que l'automatisation ait apporté plus d'efficacité et de commodité, elle a également signifié la fin d'une profession qui faisait partie de l'atmosphère traditionnelle des salles de bowling.

6. OPÉRATEURS

TÉLÉPHONIQUES

Les opérateurs téléphoniques jouaient un rôle crucial dans le fonctionnement des systèmes téléphoniques avant qu'ils ne soient automatisés. Chargés de connecter manuellement les téléphones, ils actionnaient un panneau complexe composé de fils et de commutateurs afin d'établir les connexions souhaitées entre les abonnés au service téléphonique.

Le travail d'une opératrice est très détaillé et requiert des compétences techniques. Elle était assise devant un panneau de contrôle comportant plusieurs lignes téléphoniques reliées à différents abonnés. Lorsqu'un appel arrivait, l'opératrice y répondait et, sur la base des informations fournies par l'appelant, connectait manuellement les fils appropriés pour établir la connexion souhaitée. Ce processus exigeait beaucoup de dextérité et de rapidité, surtout en période de pointe.

Les opérateurs téléphoniques sont principalement des femmes, souvent jeunes, qui ont été formées pour faire fonctionner les systèmes téléphoniques. Elles travaillaient dans des centres d'appel, où elles contrôlaient et connectaient les appels, qu'ils soient locaux ou longue distance. Cette profession était l'une des rares possibilités d'emploi offertes aux femmes dans le domaine de la technologie à l'époque.

Curiosités

- Les opérateurs téléphoniques ont développé leur propre système de communication, utilisant un jargon et des codes spécifiques pour décrire les différentes situations et faciliter la communication entre eux au cours de leur travail.

- Cette profession était considérée comme prestigieuse et valorisée dans la société, reflétant l'importance du rôle joué par les opérateurs téléphoniques dans la communication entre les personnes.

- Avec les progrès de la technologie et l'automatisation des systèmes téléphoniques, la profession d'opérateur téléphonique a progressivement disparu. Aujourd'hui, les systèmes téléphoniques sont entièrement automatisés, et les ordinateurs et les logiciels remplissent les fonctions autrefois assurées par les opérateurs. Cependant, l'héritage des opérateurs téléphoniques continue d'être rappelé comme faisant partie de l'histoire des communications et de l'évolution de la technologie.

7. LAITIER

Le laitier était chargé de livrer le lait frais directement au domicile des clients, en faisant du porte-à-porte. Utilisant des charrettes tirées par des chevaux ou même des bicyclettes adaptées, ils parcouraient les rues des villes aux premières heures du matin, offrant du lait fraîchement trait aux habitants.

La routine de travail des laitiers commençait très tôt le matin, généralement à l'aube. Ils partent de la ferme ou de la coopérative où le lait est produit, puis le distribuent aux clients dans les zones qui leur ont été attribuées. À l'aide de véhicules spécialement adaptés au transport de produits laitiers, ils livraient le lait frais directement à la porte des clients. Souvent, les laitiers proposaient également d'autres produits laitiers, tels que le beurre et le fromage, augmentant ainsi la variété des articles disponibles pour les clients.

Les laitiers étaient souvent des travailleurs ruraux ou des employés de fermes laitières, chargés d'effectuer des livraisons quotidiennes dans les zones urbaines. Certains laitiers travaillaient de manière indépendante, gérant leur propre entreprise de livraison de lait. Cette profession était considérée comme un élément essentiel de la communauté, offrant un service pratique et fiable aux consommateurs.

Curiosités

- Le laitier était une figure connue et appréciée des communautés urbaines, qui développait souvent des relations étroites avec les clients au fil du temps.

- Avec les progrès de la technologie de la réfrigération et l'expansion des supermarchés, la nécessité des livraisons de lait en porte-à-porte a considérablement diminué. Les consommateurs ont commencé à acheter du lait et d'autres produits laitiers directement dans les magasins, éliminant ainsi la nécessité du service de livraison du laitier.

- Bien qu'elle ait pratiquement disparu, de petites entreprises de livraison de lait subsistent dans certaines régions, principalement dans les communautés rurales ou les marchés de niche qui accordent une grande importance aux produits frais et locaux. Toutefois, la profession traditionnelle de laitier, telle qu'elle était connue autrefois, est devenue rare et fait partie de l'histoire des anciennes pratiques commerciales.

8. OUVREUSE DE CINÉMA

À l'époque des anciens cinémas, l'ouvreur de cinéma jouait un rôle important dans l'expérience des spectateurs. Ils étaient chargés de guider les spectateurs jusqu'à leur siège à l'aide de lampes de poche, car les salles de cinéma étaient autrefois sombres.

Avant le début des films, les ouvreurs étaient placés à l'entrée des cinémas. Lorsque les spectateurs arrivaient, ils étaient accueillis par les ouvreurs, qui les escortaient jusqu'à leur siège en utilisant des lanternes pour éclairer le chemin. En outre, pendant la projection du film, les lanternes restaient sur les côtés de la salle pour aider les spectateurs en cas de besoin, par exemple pour trouver la sortie en cas d'urgence ou pour résoudre tout problème qui se présenterait.

Les ouvreurs de cinéma étaient généralement des jeunes embauchés par les cinémas. Il s'agit souvent d'adolescents qui travaillent à temps partiel pour compléter les revenus de leur famille ou pour gagner un peu plus d'argent.

Curiosités

- Les ouvreurs de cinéma étaient perçus comme des personnages amicaux et serviables par les spectateurs, et parfois ils établissaient même une relation étroite avec les spectateurs les plus réguliers.

- Avec les progrès de la technologie et la modernisation des cinémas, l'idée d'un éclairage interne à cette fin et la numérotation des sièges ont vu le jour, ce qui a rendu la fonction de l'ouvreur de cinéma inutile dans la plupart des situations.

- Dans certains cinémas plus anciens ou lors d'événements spéciaux, il est encore possible de trouver des hommages à l'ouvreuse de cinéma, comme la présence de personnes vêtues d'anciens costumes qui simulent cette fonction lors de l'entrée des spectateurs.

9. DACTYLOGRAPHE

La dactylo jouait un rôle crucial dans la transcription de documents, en écrivant des textes sur des machines à écrire à partir de manuscrits fournis par des clients ou par dictée orale.

La dactylo est une personne très habile dans l'utilisation des machines à écrire, qui dactylographie les textes fournis avec précision et rapidité. Il pouvait travailler dans différents contextes, tels que des entreprises, des cabinets d'avocats, des institutions gouvernementales ou à son compte, en répondant aux demandes des clients. Son travail consistait à transcrire des lettres, des documents commerciaux et des manuscrits de livres, entre autres.

Les dactylographes étaient souvent des personnes formées aux techniques de la dactylographie et familiarisées avec l'utilisation des machines à écrire. Nombre d'entre elles suivaient des cours spécifiques pour améliorer leurs compétences en dactylographie et augmenter leur vitesse d'écriture.

Curiosités

- Avant l'avènement des ordinateurs personnels, la dactylographie était une profession appréciée qui offrait des possibilités d'emploi stables. L'utilisation généralisée des ordinateurs personnels et des programmes de traitement de texte a entraîné le déclin de cette profession.

- Certains apprécient encore l'esthétique et le charme des machines à écrire, notamment les collectionneurs qui continuent à les apprécier et à les utiliser, perpétuant ainsi une partie de l'histoire des dactylographes.

10. OPÉRATEUR DE RONÉOTYPE

Le ronéographe a joué un rôle crucial dans la production de copies de documents avant que les photocopieurs et les imprimantes ne deviennent populaires. Il utilisait le ronéographe, un équipement qui utilisait une matrice d'encre et du papier carbone pour reproduire des documents en plusieurs exemplaires.

L'opérateur de la machine à ronéotyper insérait le document original dans la machine, où une copie de l'image était réalisée sur une matrice d'encre. Cette matrice était ensuite pressée contre les feuilles de papier, transférant l'encre et produisant les copies souhaitées. Ce processus était répété manuellement pour chaque copie nécessaire, ce qui nécessitait une attention particulière pour garantir la qualité et la lisibilité des copies.

Les opérateurs de machines à ronéotyper travaillaient souvent dans des écoles, des bureaux, des églises et d'autres organisations qui avaient besoin de produire régulièrement des copies de documents. Ils étaient chargés de faire fonctionner et d'entretenir l'équipement, ainsi que de préparer les matrices d'encre et de papier carbone.

Curiosités

- Le ronéotype a été largement utilisé dans les années 1960 et 1970 comme moyen économique de produire en masse des copies de documents tels que des épreuves d'examen, des bulletins d'information, des brochures et des dépliants.

- Le procédé de ronéotypie était connu pour produire des copies avec une odeur caractéristique d'encre fraîche, que de nombreuses personnes associent avec nostalgie aux souvenirs de leur école ou de leur lieu de travail.

- Avec les progrès de la technologie, en particulier l'avènement des photocopieurs et des imprimantes, le rôle du ronéographe est tombé en désuétude, entraînant le déclin de la profession d'opérateur de ronéotype.

- Son équipement, le miméographe, est resté dans les mémoires comme un élément important de l'histoire de la reproduction des documents.

11. MESSAGER TELEGRAM

Les messagers du télégramme ont joué un rôle essentiel dans la transmission de messages urgents avant que l'utilisation du téléphone et de l'internet ne devienne courante. Ils étaient chargés de livrer les télégrammes, des messages écrits sur des enveloppes scellées, qui contenaient souvent des nouvelles importantes ou d'autres informations urgentes.

Les messagers des télégrammes parcouraient les rues des villes à pied, à vélo ou à moto, emportant avec eux les télégrammes à livrer. Ils devaient faire preuve de rapidité et d'efficacité dans la livraison des messages, couvrant souvent de longues distances en peu de temps.

Le messager était payé pour chaque télégramme livré et recevait parfois une prime supplémentaire en fonction de l'urgence ou de l'importance du message.

Les messagers du télégramme étaient généralement des jeunes qui travaillaient principalement dans les zones urbaines, où la rapidité d'acheminement des messages était cruciale.

Les entreprises de télécommunications ou les services postaux en emploient beaucoup, tandis que d'autres travaillent de manière indépendante.

Curiosités

- L'envoi de télégrammes était souvent associé à des situations urgentes, telles que des naissances, des décès, des urgences médicales ou des événements importants.

- Avec le développement et la popularisation du téléphone, puis l'expansion de l'internet et des services de messagerie électronique, l'utilisation des télégrammes a considérablement diminué, entraînant le déclin de la profession de messager de télégrammes.

- Aujourd'hui, les télégrammes sont une relique du passé, rarement utilisés sauf dans des circonstances très spécifiques.

- La figure du messager du télégramme reste dans les mémoires comme un élément important de l'histoire des communications et de l'acheminement des messages urgents.

12. OPÉRATEUR TÉLEX

L'opérateur de télex a joué un rôle essentiel dans le système de communication connu sous le nom de télex, qui permettait d'envoyer et de recevoir des messages presque instantanément entre différents endroits par l'intermédiaire des lignes télégraphiques.

L'opérateur de télex utilisait une machine télex, un appareil semblable à une machine à écrire qui était connecté à une ligne télégraphique. Il tapait les messages à envoyer et recevait des messages provenant d'autres endroits. Les messages étaient imprimés sur des rouleaux de papier et pouvaient être envoyés dans différentes parties du monde, ce qui constituait une forme rapide et efficace de communication commerciale et diplomatique.

Les opérateurs de télex étaient généralement des employés d'entreprises, d'agences gouvernementales ou d'organisations qui dépendaient du système télex pour leurs communications. Ils étaient formés à l'utilisation des machines télex et à la gestion efficace du flux de messages.

Curiosités

- Le système télex a été l'une des premières formes de communication électronique en temps réel et a joué un rôle crucial dans le monde des affaires et des communications internationales pendant une grande partie du XXe siècle.

- Avec l'invention du courrier électronique et d'autres formes de communication électronique, le système télex est progressivement tombé en désuétude. Toutefois, dans certaines régions du monde, le système télex est encore utilisé dans des situations spécifiques, principalement dans des environnements où la communication électronique peut être peu fiable.

- La profession d'opérateur de télex est aujourd'hui un souvenir du passé, représentant une époque où la communication instantanée à travers les distances était une réalisation technologique impressionnante.

13. ATTRAPEUR DE RATS

Les dératiseurs ont joué un rôle crucial dans l'élimination des rongeurs dans les maisons, les entrepôts, les établissements commerciaux et d'autres zones où les rats étaient fréquents.

Les chasseurs de rats utilisaient toute une série de techniques et d'outils pour capturer et exterminer les rats. Il peut s'agir de pièges ou de poisons, de chiens entraînés à la chasse aux rats ou même de méthodes plus traditionnelles telles que les bâtons ou les lance-pierres.

Ils ont su identifier les zones où se cachaient les rats et adopter des stratégies efficaces pour les éliminer.

Les entreprises spécialisées dans la lutte contre les nuisibles emploient souvent des dératiseurs. Mais il peut aussi s'agir de travailleurs indépendants qui proposent leurs services directement à la communauté locale.

Curiosités

- Avant le développement des méthodes modernes de lutte contre les nuisibles,

les dératiseurs jouaient un rôle essentiel dans la protection de la santé publique, en contribuant à réduire la propagation des maladies transmises par les rats, telles que la peste bubonique.

- Avec les progrès technologiques et le développement de méthodes de lutte contre les nuisibles plus efficaces, telles que les pièges électroniques et les produits chimiques spécifiques pour exterminer les rats, la demande de dératiseurs a considérablement diminué.

- Dans certaines zones rurales ou en cas d'infestation grave, il peut être nécessaire de recourir à des dératiseurs pour résoudre les problèmes de lutte contre les nuisibles.

14. AIGUISOIR À COUTEAUX

L'aiguiseur de couteaux jouait un rôle important dans l'affûtage des couteaux, ciseaux et autres instruments de coupe. Il parcourait les rues en proposant ses services d'aiguisage aux habitants de son quartier.

L'aiguiseur de couteaux utilisait des pierres à aiguiser, des aiguiseurs manuels ou même des machines spécialisées pour aiguiser les lames de couteaux et de ciseaux. Il possédait des compétences particulières pour déterminer l'angle d'aiguisage correct et s'assurer que les lames étaient aiguisées et prêtes à l'emploi.

Souvent, ils parcouraient la ville pour attirer l'attention des gens sur leurs services, en les annonçant par un son caractéristique, comme le tintement d'une cloche ou le bruit d'une pierre à aiguiser.

Les aiguiseurs de couteaux étaient des artisans spécialisés qui offraient leurs services d'aiguisage pour gagner leur vie. Dans certaines communautés, la profession se transmettait de génération en génération, les techniques d'affûtage étant transmises de père en fils.

Curiosités

- La profession d'aiguiseur de couteaux remonte à plusieurs siècles, à l'époque où les couteaux et autres instruments de coupe étaient des outils essentiels dans tous les foyers et toutes les entreprises.

- Avec les progrès technologiques et la production en masse d'ustensiles ménagers, de nombreuses personnes ont commencé à utiliser des méthodes d'aiguisage plus accessibles, telles que les aiguiseurs électriques ou les pierres à aiguiser portables, et n'ont plus besoin d'avoir recours aux aiguiseurs de couteaux.

- Dans certaines communautés, on trouve encore des aiguiseurs de couteaux qui perpétuent cette ancienne tradition en proposant leurs services d'aiguisage à ceux qui apprécient leur art.

15. OPÉRATEUR DE CINÉMA

L'exploitant de cinéma joue un rôle crucial dans la diffusion des films dans les salles de cinéma. Il est chargé de faire fonctionner les projecteurs de films et d'assurer une reproduction correcte et ininterrompue des œuvres cinématographiques.

Avant l'ère numérique, les exploitants de salles de cinéma travaillaient avec des projecteurs de films qui utilisaient des bobines de film pour diffuser des films sur des écrans. Ils devaient posséder les compétences techniques nécessaires pour faire fonctionner les projecteurs, contrôler la vitesse de lecture, régler la mise au point de l'image et changer les rouleaux de pellicule si nécessaire. Pendant les projections, les opérateurs restaient attentifs aux éventuels problèmes techniques, tels que les ruptures de film ou les pannes d'équipement.

Les opérateurs de cinéma étaient généralement employés par les cinémas eux-mêmes ou par des sociétés d'exploitation cinématographique. Ils reçoivent une formation spécialisée pour pouvoir faire fonctionner l'équipement de projection et garantir une expérience satisfaisante au public.

Curiosités

- La profession d'opérateur de cinéma était considérée comme un art, car les opérateurs jouaient un rôle important en donnant vie aux films dans les salles de cinéma.

- Avec les progrès de la technologie numérique, les projecteurs de films ont été progressivement remplacés par des systèmes de projection numérique, éliminant ainsi la nécessité de manipuler manuellement les bobines de films. Les exploitants traditionnels de salles de cinéma n'ont donc plus besoin de se déplacer.

- Dans certains cinémas historiques ou lors d'événements spéciaux, on trouve encore des exploitants de cinéma qui perpétuent cette tradition en faisant fonctionner des projecteurs de films lors de projections de films classiques ou d'événements à thème.

16. ACCORDEUR DE PIANO

L'accordeur de piano joue un rôle crucial dans l'entretien des pianos, en veillant à ce qu'ils soient accordés et en bon état de fonctionnement.

L'accordeur de piano utilise des outils et des techniques spécialisés pour ajuster la tension des cordes du piano, afin que chaque note produise un son correct et soit en harmonie avec les autres. Il effectuait également des réparations et remplaçait des pièces si nécessaire pour maintenir le piano en bon état de fonctionnement.

Les accordeurs de piano étaient des professionnels formés aux techniques d'accord et de réparation des pianos. Nombre d'entre eux travaillaient de manière indépendante, prenant les commandes des clients qui avaient besoin de leurs services. Certains accordeurs peuvent également être employés par des magasins de musique, des écoles de musique ou des entreprises de fabrication de pianos.

Curiosités

- Un accord régulier était essentiel pour garantir qu'un piano produise un son clair et mélodieux. Les accordeurs de piano étaient souvent appelés à accorder des pianos dans des salles de concert, des studios d'enregistrement, des maisons privées et d'autres lieux où les pianos étaient utilisés régulièrement.

- Avec les progrès technologiques, les pianos numériques et les claviers électroniques sont devenus populaires en raison de leur facilité d'entretien et de leurs capacités d'accord automatique. Cela a réduit la demande de services d'accordage de pianos traditionnels.

- De nombreux musiciens et mélomanes apprécient toujours la qualité du son et la sensation tactile d'un piano acoustique traditionnel, d'où la nécessité de faire appel à des accordeurs de piano pour maintenir ces instruments en parfait état.

17. VENDEUR DE LAMPES

Le vendeur de lampes était chargé de vendre des lampes à gaz et d'autres appareils d'éclairage.

Les vendeurs de lampes travaillaient dans des magasins spécialisés, sur des marchés locaux ou sur des chariots de rue, proposant une variété de lampes à gaz, de lanternes et d'autres dispositifs d'éclairage pour un usage domestique ou commercial. Ils connaissaient les différents types de lampes disponibles, ainsi que les combustibles nécessaires à leur fonctionnement.

Les vendeurs de lampes pouvaient être des propriétaires de quincailleries, d'établissements d'éclairage ou simplement des marchands ambulants qui vendaient des lampes et d'autres produits connexes.

Ils étaient chargés de fournir aux clients des informations sur les produits disponibles et de les aider à faire les choix les plus adaptés à leurs besoins en matière d'éclairage.

Curiosités

- Avant l'électrification généralisée, les lampes à gaz étaient une source d'éclairage courante dans les maisons, les rues et les établissements commerciaux. Les vendeurs de lampes jouaient un rôle important dans l'approvisionnement de la communauté en ces appareils essentiels.

- Avec l'avènement de l'électricité et l'introduction de systèmes d'éclairage électrique plus sûrs et plus efficaces, la demande de lampes à gaz a considérablement diminué, entraînant le déclin de la profession de vendeur de lampes.

- Aujourd'hui, les lampes à gaz ne sont généralement utilisées qu'à des fins décoratives ou en cas d'urgence et la profession de vendeur de lampes rappelle une époque révolue de l'histoire de l'éclairage.

18. LECTEUR DE COMPTEURS DE GAZ

Le releveur de gaz était chargé de se rendre dans les foyers et les établissements commerciaux pour vérifier les compteurs de gaz et enregistrer la consommation.

Le releveur de compteurs de gaz parcourait les rues de la ville, visitant chaque propriété pour vérifier les compteurs de gaz. Il notait les chiffres indiqués sur les compteurs, qui reflétaient la consommation de gaz au cours d'une période donnée. Ces informations étaient ensuite utilisées pour facturer les clients en fonction de leur consommation réelle de gaz.

Les releveurs de compteurs de gaz étaient souvent des employés des sociétés de distribution de gaz ou des services publics. Ils ont reçu une formation spécifique pour pouvoir utiliser les compteurs de gaz et s'assurer que les relevés sont enregistrés de manière précise et fiable.

Curiosités

- La profession de lecteur de gaz était essentielle pour assurer une facturation précise et équitable de la consommation de gaz par les clients. Ils jouent un rôle important dans la gestion efficace des ressources énergétiques.

- Avec le développement de la technologie de lecture à distance, comme les compteurs intelligents, de nombreuses sociétés de distribution de gaz ont commencé à recevoir automatiquement les données de consommation, éliminant ainsi la nécessité de visites physiques par le lecteur de gaz. Cette évolution a entraîné une baisse de la demande pour cette profession dans de nombreuses régions.

- Dans les régions où il n'y a pas de relevé à distance des compteurs de gaz, ou dans les situations où les compteurs de gaz doivent être vérifiés manuellement, la profession de releveur de gaz peut encore être nécessaire.

19. OPÉRATEUR D'ASCENSEUR

L'opérateur d'ascenseur était chargé de contrôler le fonctionnement des ascenseurs, notamment de sélectionner les étages et d'ouvrir les portes manuellement.

Les ascensoristes restent à l'intérieur de la cabine d'ascenseur et sont chargés d'actionner les commandes manuelles pour passer d'un étage à l'autre. Ils vérifient également l'intérieur de l'ascenseur et assurent la sécurité des passagers en ouvrant et en fermant les portes manuellement.

Les ascensoristes sont des employés de bâtiments, d'hôtels, de bureaux ou d'autres établissements équipés d'ascenseurs.

Ils ont suivi une formation spécifique afin de pouvoir faire fonctionner les ascenseurs de manière efficace et sûre.

Curiosités

- Les ascensoristes assuraient la sécurité et l'efficacité du transport vertical dans les bâtiments avant l'automatisation des ascenseurs.

- Avec les progrès technologiques, notamment l'introduction de systèmes de contrôle automatisés et de boutons de sélection des étages dans les ascenseurs eux-mêmes, la nécessité de cette fonction a considérablement diminué.

- Dans certains bâtiments historiques ou dans des zones où les ascenseurs n'ont pas encore été modernisés, on peut trouver des ascenseurs avec des opérateurs, perpétuant ainsi la mémoire de cette profession du passé.

20. CIREURS DE CHAUSSURES

Les cireurs de chaussures jouaient un rôle important dans l'entretien des chaussures, en proposant des services de nettoyage et de polissage des chaussures.

Ces professionnels installaient de petites échoppes dans des lieux publics, tels que des places ou des rues animées, équipées de brosses, de graisse et d'autres matériaux de polissage. Les clients venaient avec leurs chaussures sales ou usées et payaient pour le service de nettoyage et de polissage, laissant leurs chaussures avec un aspect renouvelé.

Les cireurs de chaussures pouvaient être des indépendants qui créaient leur propre entreprise ou des employés d'établissements commerciaux qui proposaient des services de cirage de chaussures. Il s'agit souvent de personnes qualifiées qui ont développé des techniques spécialisées pour laisser les chaussures avec une finition impeccable.

Curiosités

- Le cirage de chaussures était une profession courante dans de nombreuses villes, en particulier au cours du XXe siècle, lorsque les chaussures en cuir étaient largement utilisées.

- Avec l'apparition de matériaux synthétiques pour les chaussures, qui nécessitent moins d'entretien, et le changement des habitudes des gens en ce qui concerne l'entretien de leurs chaussures, la demande de services de cirage de chaussures a considérablement diminué.

- Dans les régions où les chaussures en cuir sont encore très populaires on trouve encore des cireurs de chaussures.

21. VENDEURS DE GLACES

Les vendeurs de glaces ont joué un rôle emblématique dans la vente de glaces, parcourant les rues avec des chariots et proposant de vendre des glaces aux passants.

Les vendeurs ambulants de glaces utilisaient des chariots spécialement conçus pour stocker et servir des glaces. Ils sillonnaient les rues dans les zones très fréquentées, proposant aux clients une variété de parfums de crème glacée. La glace était vendue dans des cornets, des coupes ou même des récipients à emporter.

Les vendeurs de glaces de rue pouvaient être des propriétaires de petites entreprises vendant des glaces ou des indépendants qui louaient des chariots de glaces pour un usage temporaire. Il s'agissait souvent d'entrepreneurs qui considéraient la vente de glaces dans la rue comme un moyen de gagner leur vie.

Curiosités

- Les vendeurs de glaces de rue étaient monnaie courante dans de nombreuses villes du monde, en particulier pendant les mois les plus chauds de l'année, lorsque la demande de glaces augmentait.

- Avec l'apparition des glaciers offrant une plus grande variété de parfums et d'options, et l'introduction des congélateurs domestiques, de nombreuses personnes ont commencé à acheter des glaces dans des établissements commerciaux, ce qui a rendu la vente ambulante moins courante.

- Dans certaines localités ou à l'occasion d'événements particuliers, on trouve encore des vendeurs de glace ambulants qui proposent leurs glaces et sorbets faits à la main, perpétuant ainsi cette tradition nostalgique et délicieuse.

22. LAITIERS À CHEVAL

Le laitier à cheval était chargé de livrer le lait frais directement dans les foyers, en particulier dans les zones rurales.

Les laitiers à cheval parcouraient les rues des communautés rurales au petit matin, transportant des récipients de lait frais dans leurs charrettes ou à cheval. Ils s'arrêtaient devant les maisons des clients pour livrer le lait, qui était stocké dans des bouteilles ou des récipients qui leur appartenaient.

Les laitiers à cheval étaient généralement des agriculteurs locaux qui produisaient également du lait dans leur ferme ou leur ranch. Ils ont développé leur activité en proposant des services de livraison de lait directement aux consommateurs, offrant ainsi un service pratique tout en garantissant la fraîcheur du produit.

Curiosités

- La livraison du lait par des laitiers à cheval était une tradition dans de nombreuses régions rurales, permettant aux habitants d'avoir facilement accès à des produits laitiers frais et de qualité.

- Avec le développement des véhicules motorisés et la croissance de l'industrie laitière, des véhicules de livraison plus efficaces, capables de desservir une plus grande zone en moins de temps, ont remplacé de nombreux camions à lait tirés par des chevaux.

- Malgré le déclin de cette pratique, dans certaines zones rurales ou dans des zones qui valorisent fortement les méthodes de production traditionnelles, il est encore possible de trouver des producteurs laitiers qui maintiennent cette tradition vivante en proposant aux consommateurs du lait frais produit localement.

23. OPÉRATEUR DE MACHINE À ÉCRIRE ÉLECTRIQUE

L'opérateur de machines à écrire électriques était chargé d'utiliser des machines à écrire électriques pour produire des documents et de la correspondance.

Les opérateurs de machines à écrire électriques utilisaient des machines fonctionnant à l'électricité et permettant une frappe plus rapide et plus fluide que les machines manuelles. Ils inséraient le papier dans la machine et tapaient le texte souhaité à l'aide d'un clavier similaire à celui des machines manuelles.

Les opérateurs de machines à écrire électriques peuvent être des secrétaires, des dactylographes ou des membres du personnel administratif qui doivent produire des documents de manière efficace et professionnelle. Ils recevaient une formation spécifique pour utiliser les machines et assurer une frappe précise et rapide.

Curiosités

- Les machines à écrire électriques ont représenté une évolution significative par rapport aux machines à écrire manuelles, offrant une frappe plus rapide et moins d'efforts physiques de la part de l'opérateur.

- Avec l'avènement des ordinateurs personnels et le développement des logiciels de traitement de texte, les machines à écrire électriques sont progressivement devenues obsolètes et ont été remplacées par des ordinateurs offrant un plus grand nombre de fonctionnalités et facilitant la production de documents.

- Aujourd'hui, les machines à écrire électriques sont surtout des objets de collection ou des curiosités historiques, symbolisant une époque de la technologie bureautique.

24. OPÉRATEUR DE LANTERNE MAGIQUE

L'opérateur de lanterne magique était chargé de faire fonctionner et d'afficher des images à l'aide d'une lanterne magique, un appareil précurseur du projecteur de diapositives.

L'opérateur de lanterne magique transportait avec lui le matériel nécessaire à l'affichage des images, y compris la lanterne magique elle-même et des diapositives préparées avec des images ou des informations à projeter. Pendant les présentations ou les séances de divertissement, il manipulait les diapositives manuellement, changeant les images si nécessaire pour accompagner le contenu de la présentation.

Les opérateurs de lanterne magique peuvent être des artistes, des enseignants, des conférenciers ou des personnes spécialisées dans l'éducation visuelle et les présentations.

Ils doivent posséder les compétences techniques nécessaires pour faire fonctionner la lanterne magique et coordonner efficacement l'affichage des images lors d'événements publics ou éducatifs qui requièrent leur participation.

Curiosités

- La lanterne magique a été l'une des premières formes de divertissement visuel projeté et a été largement utilisée au XIXe siècle et au début du XXe siècle pour des présentations publiques et éducatives.

- Avec le développement du cinéma et de la télévision, la lanterne magique a perdu de sa popularité et a été remplacée par des technologies plus avancées offrant une expérience visuelle plus dynamique et immersive.

- La lanterne magique est toujours appréciée des collectionneurs et des amateurs d'histoire, car elle symbolise une époque révolue des médias visuels et de l'art de la présentation.

25. CHAPELIER

Le chapelier était un artisan spécialisé dans la fabrication et l'entretien des chapeaux. Les chapeliers étaient très habiles et travaillaient avec une grande variété de matériaux, tels que le feutre, la paille, les tissus et les ornements, pour créer des chapeaux de différents styles. Ils utilisaient les techniques traditionnelles de la chapellerie, telles que le moulage, la couture et la finition, pour produire des chapeaux sur mesure ou des chapeaux de série.

Les chapeliers pouvaient travailler de manière indépendante, dans leur propre atelier, ou être employés par des chapelleries ou des entreprises de mode. Ils suivaient une longue période d'apprentissage et de formation afin de maîtriser les connaissances et les techniques nécessaires à la production de chapeaux de qualité.

Curiosités

- Depuis des siècles, les chapeaux constituent un élément essentiel de l'habillement dans de nombreuses cultures à travers le monde, remplissant des fonctions à la fois pratiques et esthétiques.

- Au fil du temps, l'évolution de la mode et du mode de vie a entraîné une baisse de la demande de chapeaux traditionnels, ce qui a eu des répercussions sur la profession de chapelier.

- Bien qu'ils soient rares, il existe encore aujourd'hui des artisans et des créateurs qui perpétuent la tradition chapelière en créant des chapeaux de haute qualité et des pièces de mode uniques pour les clients exigeants et les amateurs de chapeaux.

26. OPÉRATEUR TÉLÉGRAPHIQUE

L'opérateur télégraphique a joué un rôle crucial dans la communication à longue distance avant l'invention du téléphone. Il utilisait un code spécifique, le code Morse, pour transmettre des messages sur des fils électriques.

Les télégraphistes travaillaient dans des stations télégraphiques, envoyant et recevant des messages via des terminaux télégraphiques. Ils devaient être hautement qualifiés pour interpréter le code Morse et faire fonctionner l'équipement télégraphique afin d'assurer la transmission précise et rapide des messages.

Les opérateurs télégraphiques étaient généralement des employés d'entreprises de télécommunications ou de services postaux. Ils suivaient une formation spécialisée pour apprendre le code Morse et d'autres techniques nécessaires pour faire fonctionner efficacement l'équipement télégraphique.

Curiosités

- Le télégraphe a été l'une des premières formes de communication à longue distance, révolutionnant la façon dont les gens communiquaient dans le monde entier.

- Avant l'invention du téléphone, le télégraphe était largement utilisé pour transmettre des messages urgents et des informations commerciales.

- Avec le développement de technologies plus avancées, comme le téléphone et plus tard l'internet, le télégraphe est progressivement tombé en désuétude, entraînant le déclin de la profession de télégraphiste. Cependant, sa contribution à l'histoire des communications est indéniable.

27. OPÉRATEUR PBX

Les opérateurs PBX travaillent dans des autocommutateurs privés (PBX), qui sont des systèmes téléphoniques internes utilisés dans les entreprises et les institutions. Ils étaient chargés de connecter manuellement les appels entre les postes internes et externes.

Les opérateurs PBX utilisaient des consoles téléphoniques qui permettaient de connecter des appels entre différentes lignes téléphoniques. Lorsqu'ils recevaient un appel, ils y répondaient et utilisaient ensuite les commandes manuelles pour diriger l'appel vers le poste souhaité ou vers une ligne externe, selon les besoins.

Les opérateurs PBX étaient généralement des employés des entreprises ou des institutions qui possédaient des systèmes PBX.

Ils ont reçu une formation spécifique pour apprendre à utiliser les consoles téléphoniques et à gérer efficacement le flux d'appels.

Curiosités

- Les opérateurs PBX ont joué un rôle crucial dans la communication interne et externe des entreprises et des institutions avant que les systèmes téléphoniques ne soient automatisés.

- Avec les progrès de la technologie, les systèmes téléphoniques numériques automatisés ont éliminé la nécessité d'une intervention humaine dans la connexion des appels, rendant la profession d'opérateur PBX obsolète.

- Certaines entreprises conservent encore des systèmes PBX traditionnels, mais leur présence est de moins en moins fréquente en raison de la prédominance des systèmes téléphoniques numériques et automatisés.

28. ALCHIMISTE

Les alchimistes étaient des scientifiques de l'Antiquité qui cherchaient à découvrir comment accomplir des exploits extraordinaires, comme transformer les métaux en or, créer la pierre philosophale ou découvrir l'élixir de vie éternelle.

Les alchimistes menaient des expériences complexes - et souvent secrètes - dans leurs laboratoires, utilisant une grande variété de techniques et de matériaux pour tenter d'atteindre leurs objectifs alchimiques. Ils travaillaient avec des substances chimiques et des procédés tels que la distillation, la fermentation et d'autres pratiques qui, bien qu'encore mal comprises à l'époque, ont contribué à ouvrir la voie au développement de la chimie moderne.

Les alchimistes étaient souvent des philosophes naturels, des médecins ou des prêtres qui se consacraient à l'étude des arts alchimiques. Les nobles ou les institutions religieuses qui croyaient aux promesses de l'alchimie, comme la transformation des métaux en or, pouvaient les parrainer.

Curiosités

- Bien que les alchimistes aient souvent été ridiculisés pour leurs activités apparemment fantaisistes, ils ont contribué de manière significative à l'avancement des connaissances humaines. Nombre de leurs techniques et procédés alchimiques sont devenus fondamentaux pour le développement de la chimie moderne.

- Malgré leurs aspirations philosophiques et mystiques, les alchimistes ont contribué au développement de la médecine, en explorant les propriétés médicinales des substances et en mettant au point des méthodes de distillation utiles à la production de médicaments.

- La recherche de l'élixir de vie éternelle par les alchimistes et la pierre philosophale peuvent être considérées comme une métaphore de la quête humaine de la connaissance, de la transcendance et de l'immortalité, reflétant des préoccupations profondes sur la nature de l'existence et de l'univers.

29. PHRÉNOLOGUE

Un phrénologue était un professionnel qui pratiquait la phrénologie, une pseudo-science du XIXe siècle qui prétendait qu'il était possible de déterminer les traits de personnalité et les capacités mentales d'une personne en examinant la forme et la taille de son crâne.

Les phrénologues pratiquaient des examens crâniens sur des individus, palpant et mesurant les protubérances et les dépressions du crâne pour évaluer différents aspects de leur personnalité et de leur comportement. Ils pensaient que des zones spécifiques du cerveau étaient liées à des traits de personnalité tels que l'intelligence, la moralité, l'agressivité et autres.

Les phrénologues pouvaient être des médecins, des scientifiques amateurs ou des charlatans qui se disaient experts en phrénologie. Certains offraient même des services de consultation et publiaient des ouvrages sur le sujet, promouvant diverses théories et pratiques basées sur la phrénologie.

Curiosités

- Malgré sa popularité au XIXe siècle, la phrénologie a été progressivement discréditée, les progrès des neurosciences et de la psychologie ayant montré qu'il n'existait aucune preuve scientifique à l'appui de ses affirmations.

- Cependant, la phrénologie a eu un impact durable sur la culture et l'histoire des sciences, influençant la réflexion sur la nature humaine, la race et la personnalité. Ses pratiques ont également contribué au développement des techniques modernes d'évaluation psychologique et neurologique.

- Aujourd'hui, la phrénologie est considérée comme une pseudo-science et une curiosité historique, mais son héritage est toujours étudié et débattu dans des contextes académiques et culturels.

30. BARBIERS - SAIGNEURS

Les barbiers-saignants étaient des professionnels qui pratiquaient la saignée comme méthode thérapeutique pour diverses maladies. Cette pratique était courante dans l'Europe médiévale et reposait sur la croyance qu'un déséquilibre des humeurs du corps était à l'origine de la maladie.

Les barbiers-saignants pratiquaient la saignée, qui consistait à prélever de manière contrôlée le sang du patient par des incisions dans la peau, à l'aide d'instruments tels que des lancettes ou des saigneurs. Ils pensaient que la saignée permettait de rétablir l'équilibre des humeurs du corps, considérées comme essentielles à la santé.

Les barbiers-saignants étaient souvent de simples barbiers qui pratiquaient également des actes médicaux, la pratique de la médecine n'étant pas réglementée à l'époque. Ils apprenaient à pratiquer la saignée soit en la pratiquant eux-mêmes, soit grâce aux enseignements qui leur étaient transmis par des membres de leur famille.

Curiosités

- La pratique de la saignée était courante dans l'Europe médiévale et servait à traiter diverses affections, des fièvres aux maladies chroniques.

- Malgré sa popularité, l'efficacité de la saignée en tant que traitement médical a été remise en question par la suite, et sa pratique est tombée en désuétude au fur et à mesure des progrès de la médecine et de la science.

- Aujourd'hui, la saignée est considérée comme une procédure médicale obsolète et potentiellement dangereuse, et la profession de barbier-saignant a complètement disparu, remplacée par des pratiques médicales plus sûres basées sur des preuves scientifiques.

31. SERVITEUR DE

FORGE

Les serviteurs de forge assistaient les forgerons dans le processus de fabrication des outils et des armes. Ils effectuaient diverses tâches, telles que chauffer le métal, préparer les outils et aider à la forge.

Les serviteurs travaillaient en étroite collaboration avec les forgerons dans une forge, les aidant à chaque étape du processus de fabrication d'objets en métal. Ils étaient chargés de tâches telles que la préparation du feu et le maintien de la bonne température, le maintien et le tournage du métal chauffé, ainsi que la préparation des outils et des matériaux nécessaires au forgeron.

Les serviteurs de forge étaient généralement des apprentis ou des assistants qui recevaient une formation pour devenir des forgerons qualifiés. Ils acquéraient des compétences pratiques en travaillant aux côtés de forgerons expérimentés et en apprenant les techniques traditionnelles de travail du métal.

Curiosités

- Depuis des siècles, le forgeage joue un rôle crucial dans la production d'outils, d'armes et d'autres objets métalliques, contribuant ainsi au développement des sociétés industrielles et militaires.

- Avec les progrès technologiques et l'introduction de machines et de processus de fabrication automatisés, le besoin de travail manuel dans les forges a considérablement diminué, entraînant le déclin du métier de forgeron.

- Certaines techniques traditionnelles de travail des métaux sont encore préservées par des artisans forgerons et des passionnés d'histoire, qui gardent vivante la mémoire de l'ancienne profession de forgeron.

32. COUPEUR DE GLACE

Les coupeurs de glace étaient des professionnels qui travaillaient dans des régions aux hivers rigoureux, où ils coupaient des blocs de glace dans les lacs et les rivières afin de les utiliser pour la réfrigération et le stockage des aliments.

Les coupeurs de glace travaillent sur des lacs ou des rivières gelés pendant les mois d'hiver. À l'aide d'outils spécifiques, tels que des scies ou des pics, ils coupaient de grands blocs de glace qui étaient ensuite transportés et stockés dans des glacières. Ces blocs de glace étaient ensuite utilisés pour refroidir les aliments dans les entrepôts, les marchés et les maisons.

Ces professionnels sont généralement des travailleurs locaux qui connaissent bien les plans d'eau gelés de leur région. Certains étaient indépendants, d'autres travaillaient pour des entreprises spécialisées dans la production et la distribution de glace.

Curiosités

- Le métier de coupeur de glace a joué un rôle essentiel dans la conservation des aliments avant le développement des méthodes modernes de réfrigération.

- Avec l'apparition des réfrigérateurs domestiques et l'expansion des réseaux électriques, la demande de glace taillée à la main a diminué, entraînant le déclin de cette profession.

- Il existe encore quelques communautés où cette pratique perdure, pour des raisons historiques ou touristiques.

33. VENDEUR DE LAIT DE CHÈVRE

Le vendeur de lait de chèvre est un professionnel spécialisé dans la vente de lait de chèvre en porte-à-porte, un aliment très populaire dans de nombreuses régions.

Les vendeurs de lait de chèvre parcouraient les rues des communautés locales, munis de récipients ou de bouteilles de lait de chèvre frais. Ils vendaient le lait directement aux clients, offrant ainsi une alternative au lait de vache à ceux qui le préféraient ou en avaient besoin.

Les vendeurs de lait de chèvre peuvent être des éleveurs de chèvres qui se chargent également de la distribution du lait produit dans leur exploitation. En outre, dans certaines régions, des entreprises spécialisées ont engagé des vendeurs pour commercialiser et distribuer le lait de chèvre provenant de diverses sources.

Curiosités

- Le lait de chèvre est consommé dans de nombreuses régions du monde et est apprécié pour son goût particulier et ses bienfaits pour la santé, notamment parce qu'il est plus digeste pour certaines personnes que le lait de vache.

- Avant la pasteurisation du lait et sa distribution à grande échelle, les vendeurs de lait de chèvre jouaient un rôle important en mettant cet aliment à la disposition des communautés locales.

- Avec le temps et les progrès de la production laitière et des pratiques de distribution, la profession de vendeur de lait de chèvre est devenue moins courante, mais on la trouve encore dans certaines régions où le lait de chèvre conserve sa popularité et sa demande.

34. OPÉRATEUR DE

LINOTYPE

Le linotypiste était chargé d'utiliser et de faire fonctionner la linotype, une machine qui servait à composer des textes sur les presses d'imprimerie. Il assemblait manuellement les lignes de texte avec des caractères métalliques.

Les opérateurs de linotypie travaillaient dans des imprimeries et des maisons d'édition, où ils utilisaient des machines à linotyper pour composer des textes qui seraient ensuite imprimés. Ils inséraient des matrices métalliques, représentant chacune un caractère, dans une machine qui fondait le métal pour créer les lignes de texte souhaitées.

Les opérateurs de linotypie étaient des professionnels spécialisés ayant reçu une formation spécifique pour faire fonctionner les machines complexes de linotypie.

Ils avaient besoin non seulement de compétences techniques pour manipuler l'équipement, mais aussi de connaissances typographiques pour pouvoir composer les textes de manière efficace.

Curiosités

- La linotypie a révolutionné l'industrie de l'imprimerie en permettant de composer des textes rapidement et efficacement, remplaçant des méthodes plus lentes et plus laborieuses telles que la composition manuelle.

- Avec les progrès de la technologie numérique et le développement des programmes d'édition électronique, la linotypie a perdu de sa pertinence et a été remplacée par des méthodes de composition numérique plus rapides et plus polyvalentes.

- Bien que la linotypie soit aujourd'hui une technologie obsolète, sa contribution à l'histoire de l'imprimerie et de la typographie est indéniable.

- De nombreux exemples de matériaux imprimés selon cette méthode sont encore appréciés pour leur qualité et leur esthétique uniques.

35. OPÉRATEUR DE TÉLÉTYPE

Le télétypiste était chargé d'utiliser et de faire fonctionner les télétypes, des équipements qui permettaient une communication instantanée entre deux personnes en tapant des messages. Il envoie et reçoit des messages dans les entreprises et les agences de presse.

Les opérateurs de télétype travaillaient dans des entreprises, des agences de presse, des stations de radio et d'autres organisations où une communication rapide et directe était essentielle. Ils tapaient des messages sur des claviers spéciaux reliés à des télétypes qui transmettaient ensuite les messages par des lignes télégraphiques à des télétypes situés à différents endroits.

Les opérateurs de télétype étaient généralement des employés formés à l'utilisation d'équipements de communication. Ils devaient être capables de taper rapidement et avec précision pour assurer une transmission efficace des messages.

Curiosités

- Le télétype est une technologie précurseur des communications numériques modernes, permettant la transmission rapide de messages écrits à distance.

- Avec l'avènement de l'internet et des services de messagerie instantanée tels que le courrier électronique, les SMS et les applications de chat, l'utilisation des télétypes a été remplacée par des méthodes de communication plus rapides et plus polyvalentes.

- Le télétype est encore utilisé dans certains contextes spécifiques, notamment dans les systèmes de communication d'urgence et dans les endroits où l'infrastructure internet est limitée ou indisponible.

36. RÉPARATEUR DE PARAPLUIES

Ce professionnel était spécialisé dans la réparation des parapluies endommagés. Autrefois, lorsque les parapluies étaient des objets fréquemment utilisés et appréciés, cette profession était courante. Les réparateurs réparaient les tiges cassées, bouchaient les trous dans le tissu et remplaçaient les tiges endommagées.

Les réparateurs de parapluies possédaient les compétences manuelles et les connaissances techniques nécessaires pour résoudre les différents problèmes liés aux parapluies. Ils utilisaient des outils spécialisés et des techniques de couture et de réparation pour restaurer les parapluies endommagés afin qu'ils puissent être réutilisés.

Les réparateurs de parapluies peuvent être des artisans spécialisés, des tailleurs ayant des compétences avancées en couture ou des professionnels se consacrant exclusivement à la réparation de parapluies. Certains travaillent de manière indépendante, tandis que d'autres peuvent être employés dans des magasins spécialisés.

Curiosités

- Dans le passé, les parapluies étaient considérés comme des objets de valeur et des accessoires importants pour protéger les gens de la pluie. La réparation de parapluies était donc une profession nécessaire et respectée.

- Au fil du temps, la production en masse de parapluies bon marché et jetables a entraîné une diminution de la demande de services de réparation. De nombreuses personnes en sont venues à préférer remplacer un parapluie endommagé par un nouveau plutôt que de le réparer.

- Il existe encore des artisans et des passionnés qui perpétuent la tradition de la réparation des parapluies, appréciant la qualité et la durabilité des parapluies traditionnels.

37. OPÉRATEUR DE PROJECTEUR DE DIAPOSITIVES

Ce professionnel était chargé de faire fonctionner les projecteurs de diapositives. Cet équipement était utilisé pour les présentations et les cours avant l'arrivée des ordinateurs et des projecteurs numériques. Ils préparaient et affichaient les diapositives lors des présentations.

Les opérateurs de projecteurs de diapositives travaillent dans des salles de classe, des auditoriums, des salles de réunion et d'autres espaces où des présentations sont organisées. Ils chargeaient les diapositives dans des plateaux ou des carrousels, réglaient la mise au point et la position du projecteur et contrôlaient la séquence des diapositives en suivant les instructions du présentateur.

Les opérateurs de projecteurs de diapositives peuvent être des employés d'établissements d'enseignement, d'entreprises ou d'autres organisations qui donnent fréquemment des présentations. Ils doivent posséder les compétences techniques nécessaires pour faire fonctionner efficacement les projecteurs de diapositives et pour résoudre les problèmes techniques susceptibles de survenir au cours des présentations.

Curiosités

- Les projecteurs de diapositives étaient un outil largement utilisé pour les présentations visuelles avant l'ère numérique. Ils permettaient aux présentateurs de montrer des images sur de grands écrans à un public.

- Avec les progrès technologiques, l'apparition de projecteurs numériques et de programmes informatiques pour la réalisation de présentations a progressivement remplacé les projecteurs de diapositives traditionnels. Les présentateurs ont commencé à créer et à afficher leurs propres présentations numériques à l'aide d'ordinateurs et de programmes conçus à cet effet (tels que PowerPoint).

- Certaines personnes peuvent encore avoir l'occasion d'utiliser des projecteurs de diapositives dans des contextes historiques, académiques ou culturels spécifiques, où cette technologie est préservée pour des raisons éducatives ou historiques.

38. OPÉRATEUR DE MACHINE À CALCULER

Le conducteur de machine à calculer était chargé de faire fonctionner les machines à calculer mécaniques, qui étaient utilisées pour effectuer des calculs complexes avant l'invention des calculatrices électroniques. Il saisit les données et actionne les manivelles pour obtenir les résultats.

Les opérateurs de machines à calculer travaillent dans des bureaux, des laboratoires, des institutions financières et d'autres organisations où des calculs de haute précision sont nécessaires. Ils utilisent des machines à calculer mécaniques, généralement grandes et complexes, pour effectuer des opérations mathématiques telles que l'addition, la soustraction, la multiplication et la division.

Les opérateurs de machines à calculer pouvaient être des employés de bureau, des comptables, des ingénieurs, des scientifiques ou des professionnels d'autres domaines qui devaient effectuer des calculs dans le cadre de leur travail. Ils devaient avoir de solides connaissances en mathématiques et connaître le fonctionnement des machines à calculer mécaniques.

Curiosités

- Les machines à calculer mécaniques ont été inventées avant les calculatrices électroniques et étaient largement utilisées pour effectuer des calculs complexes dans divers domaines.

- Avec le développement des calculatrices électroniques et des ordinateurs, les machines à calculer mécaniques ont été progressivement remplacées par des technologies plus avancées et plus efficaces.

- Certaines personnes peuvent encore avoir l'occasion d'utiliser des machines à calculer mécaniques dans des contextes historiques, éducatifs ou de collection, où ces machines sont conservées pour des raisons d'intérêt historique ou culturel.

39. VENDEUR À DOMICILE

Le vendeur de porte-à-porte allait de maison en maison pour vendre une variété de produits, tels que des livres, des articles ménagers et de la nourriture. Le vendeur de porte-à-porte transportait des échantillons ou des catalogues des produits qu'il vendait et visitait les maisons dans les zones résidentielles ou commerciales.

Ils ont approché les résidents, présenté leurs produits et tenté de réaliser des ventes directement au domicile des clients.

Ces vendeurs pouvaient travailler de manière indépendante, ne représenter qu'une entreprise spécifique ou être employés par des sociétés de vente directe. Ils doivent maîtriser les techniques de communication et de persuasion pour convaincre les clients d'acheter les produits qu'ils proposent.

Curiosités

- La vente de porte à porte était une pratique courante dans de nombreuses communautés avant la popularisation des magasins et des supermarchés. Les vendeurs de rue jouaient un rôle important dans la distribution d'une variété de produits directement aux consommateurs.

- Au fil du temps, l'apparition des magasins et des supermarchés a offert aux consommateurs une plus grande variété de produits et un plus grand confort d'achat, réduisant ainsi la nécessité de la vente à domicile.

- Cette activité est encore pratiquée dans certaines régions et pour certains types de produits, tels que les produits de nettoyage, les ustensiles ménagers et les aliments spécialisés, souvent en mettant l'accent sur la vente directe et le marketing de réseau.

40. OPÉRATEUR DE FOUR

L'opérateur de fours était chargé d'entretenir et de faire fonctionner les fours, qui servaient à chauffer les maisons et à forger les métaux. Il entretenait le feu et contrôlait la température du four.

Les opérateurs de four travaillent dans des usines, des fonderies, des maisons et d'autres lieux où des fours sont utilisés. Ils plaçaient les matériaux combustibles, tels que le charbon ou le bois, dans les fours, allumaient le feu et surveillaient constamment la température pour s'assurer que le four fonctionnait correctement.

Les opérateurs de fours peuvent être des travailleurs spécialisés engagés par des entreprises ou des ménages pour faire fonctionner les fours.

Ils devaient connaître les différents types de combustibles utilisés et maîtriser les techniques permettant de maintenir le feu allumé et de contrôler la température en fonction des besoins spécifiques.

Curiosités

- Les fours étaient une source importante de chauffage dans les maisons et les lieux de travail avant l'avènement des systèmes de chauffage central tels que les radiateurs et le chauffage électrique.

- Avec le développement de technologies de chauffage plus efficaces et la popularisation des systèmes de chauffage central, la demande de chauffagistes a considérablement diminué au fil du temps.

- Il existe encore des zones où les fours traditionnels continuent d'être utilisés pour des raisons de préservation culturelle ou historique, et dans ces zones, il peut encore y avoir un besoin de travailleurs ayant des compétences spécifiques dans ce domaine.

41. CORRECTEUR D'ÉPREUVES

Le correcteur était chargé de réviser les textes afin d'identifier et de corriger les fautes de grammaire, d'orthographe ou de frappe, à l'époque où les programmes informatiques de correction orthographique n'existaient pas encore.

Les correcteurs travaillent dans des maisons d'édition, des journaux, des agences de publicité, des sociétés de traduction et d'autres lieux où des textes doivent être corrigés avant d'être publiés. Ils examinent attentivement les textes pour y déceler les erreurs et les inexactitudes, et apportent les corrections nécessaires pour garantir la qualité des textes à publier.

Les correcteurs peuvent être des travailleurs indépendants engagés sur une base contractuelle ou des employés permanents de maisons d'édition. Ils doivent avoir d'excellentes aptitudes à la communication et un œil exercé pour observer chaque détail, ainsi qu'une bonne maîtrise des règles de grammaire et d'orthographe.

Curiosités

- Avant l'ère numérique, la relecture était un travail méticuleux et manuel effectué par des professionnels spécialisés dans la détection et la correction des erreurs linguistiques ou dactylographiques.

- Avec les progrès de la technologie, des programmes de vérification de l'orthographe et de la grammaire ont vu le jour et automatisent une grande partie des tâches effectuées par les correcteurs, ce qui rend le processus de correction plus rapide et plus efficace.

- Malgré l'automatisation dans ce domaine, il est encore important d'avoir des correcteurs humains dans de nombreux cas. En particulier, pour vérifier les textes plus complexes ou ceux qui sont soumis à des normes de style spécifiques. Les correcteurs ont beaucoup de connaissances spécifiques et d'expérience, ce qui leur permet de détecter des situations que les programmes informatiques ne peuvent pas identifier ou corriger.

42. TAILLEUR

Un tailleur est un artisan spécialisé dans la confection et l'ajustement de vêtements sur mesure pour des clients individuels. Grâce à un travail méticuleux et à son sens du détail, le tailleur est capable de transformer les tissus en vêtements élégants et personnalisés, répondant aux besoins et aux goûts spécifiques de chaque client.

Traditionnellement, les tailleurs travaillaient dans leur propre atelier, où ils recevaient leurs clients pour prendre leurs mesures et comprendre leurs préférences en matière de style et de tissu. Ils coupaient et cousaient à la main ou à l'aide de machines à coudre, garantissant un ajustement parfait et une finition impeccable de chaque vêtement.

Les tailleurs étaient des artisans hautement qualifiés, qui apprenaient souvent le métier au cours d'années d'apprentissage auprès de maîtres tailleurs. Ils possédaient une connaissance approfondie des différents types de tissus, des techniques de couture et des patrons de vêtements, ce qui leur permettait de créer des tenues personnalisées pour une grande variété d'occasions.

Curiosités

- Autrefois, les tailleurs jouaient un rôle clé dans la mode et l'affirmation publique du statut social, en créant des tenues sur mesure pour les clients de l'aristocratie et de la haute société.

- Avec l'avènement de la production de masse, la demande de services de tailleur a diminué, mais de nombreux tailleurs continuent à travailler, offrant une touche personnalisée et exclusive qui ne peut être égalée par les vêtements produits en série.

- Bien qu'elle soit beaucoup moins répandue, la tradition de la couture persiste dans de nombreuses cultures. Les tailleurs sont toujours très appréciés pour leur savoir-faire et leur capacité à créer des vêtements sur mesure qui reflètent le style et la personnalité de chaque client.

43. LES BATELIERS

Les bateliers étaient chargés de fournir de l'eau potable aux communautés qui n'avaient pas accès aux systèmes modernes d'approvisionnement en eau. Portant de grandes cruches ou des tonneaux, ils parcouraient les rues pour apporter de l'eau fraîche aux habitants de leurs maisons.

Traditionnellement, les bateliers puisaient l'eau dans des sources naturelles, telles que des puits ou des sources, et la transportaient jusqu'aux zones urbaines dans des récipients spécialement conçus à cet effet. Ils transportaient ces récipients dans des charrettes à traction animale ou des brouettes et distribuaient l'eau aux habitants.

Les bateliers étaient des travailleurs manuels qui connaissaient bien les sources d'eau potable de leur région.

Il s'agit souvent de membres de communautés locales qui ont assumé cette responsabilité comme un moyen de subsistance, en fournissant un service essentiel à leur quartier.

Curiosités

- Dans le passé, l'approvisionnement en eau était une question de survie pour de nombreuses communautés, et les watermen jouaient un rôle essentiel en garantissant l'accès à l'eau potable pour la boisson, la cuisine et d'autres besoins domestiques.

- Avec le développement des systèmes de canalisation et de traitement de l'eau, les besoins en bateliers ont considérablement diminué dans de nombreuses zones urbaines, ce qui a entraîné le déclin de cette profession au fil du temps.

- Dans certaines régions du monde où l'accès à l'eau potable est encore limité, les bateliers continuent de jouer un rôle important dans la distribution de l'eau aux populations.

44. LIVREUR DE JOURNAUX

Le métier de garçon de presse consistait à vendre des journaux, des magazines et d'autres périodiques dans les rues. Le livreur de journaux portait un panier ou un sac à dos rempli d'exemplaires imprimés et se promenait dans les quartiers animés, proposant ses marchandises aux passants.

Traditionnellement, le livreur de journaux se procurait les journaux et les magazines dans les kiosques à journaux ou directement auprès des éditeurs, puis les transportait dans les rues tout en essayant de les vendre. Ils criaient des phrases liées à l'actualité ou à des séances de négociation spécifiques pour attirer l'attention des acheteurs potentiels auxquels ils proposaient les derniers titres et les dernières nouvelles du jour.

Ces vendeurs de journaux peuvent être indépendants ou engagés par des sociétés de distribution de journaux. Ils varient en âge et en expérience, certains étant des jeunes à la recherche d'un revenu supplémentaire, d'autres des professionnels qui dépendent exclusivement de cette activité pour gagner leur vie.

Curiosités

- Les marchands de journaux étaient un élément caractéristique du paysage urbain dans de nombreuses villes du monde, offrant au grand public un accès facile et rapide à l'information et au divertissement.

- Avec le développement des kiosques à journaux (et plus tard avec le développement de l'internet et des médias numériques), la vente de journaux et de magazines dans la rue par les marchands de journaux a pratiquement disparu.

- Dans certaines communautés et lors d'événements spécifiques, tels que les foires et les festivals, on trouve encore des marchands de journaux qui perpétuent la tradition de la vente de publications dans la rue.

45. CRIEUR PUBLIC

Le crieur public était un professionnel chargé d'organiser des ventes aux enchères publiques dans les rues ou dans des lieux désignés de la ville. Sa fonction principale était d'annoncer les informations importantes, les événements, les lois municipales, les nouvelles locales et même les produits en vente.

Généralement, le crieur parcourait les rues de la ville en utilisant une cloche ou un autre instrument sonore pour attirer l'attention des gens. Il fait ensuite ses annonces à haute voix, souvent dans un style éloquent et théâtral pour attirer l'attention du public.

Les crieurs publics étaient généralement engagés par les autorités locales ou les organisations communautaires pour diffuser des informations pertinentes aux citoyens. Ils peuvent le faire de manière ponctuelle ou être des fonctionnaires qui se consacrent en permanence à cette tâche spécifique.

Curiosités

- Le crieur public a joué un rôle essentiel dans la communication avant la popularisation des médias de masse. Il était la principale source d'information pour de nombreux citadins.

- Outre les annonces publiques, les crieurs pouvaient également vendre des produits directement dans la rue, en faisant de la publicité et en négociant avec les passants.

- Avec les progrès de la technologie et l'évolution des modes de communication, la profession de crieur public a été progressivement remplacée par des moyens plus modernes de diffusion de l'information, mais elle reste dans les mémoires comme un élément important de l'histoire des villes.

46. POISSONNIÈRE

La poissonnière était une femme qui vendait du poisson frais, généralement dans les zones côtières ou près des ports. Elle était chargée d'acheter le poisson aux pêcheurs ou aux criées et de le vendre directement aux clients, souvent en parcourant les rues avec un panier ou une charrette remplie de poisson frais.

Les poissonnières commençaient leur journée de travail à l'aube, se rendant sur les marchés aux poissons locaux ou directement sur les bateaux des pêcheurs pour acheter leurs marchandises. Elles parcouraient ensuite les rues pour faire connaître leurs produits frais et les vendre aux résidents locaux et aux clients intéressés.

Les poissonnières sont des femmes issues de communautés de pêcheurs qui ont trouvé dans cette profession un moyen de subvenir aux besoins de leur famille.

Ils étaient souvent connus pour leurs talents de négociateurs et leur connaissance des différents types de poissons disponibles.

Curiosités

- Dans de nombreuses régions côtières, le métier de poissonnière était un élément essentiel de l'économie locale, car il permettait de fournir du poisson frais aux habitants et aux touristes.

- Les poissonnières avaient la réputation d'être des femmes fortes et travailleuses, compte tenu des exigences physiques et commerciales de leur travail.

- Bien que l'évolution des pratiques de vente du poisson et de l'économie locale ait rendu cette profession très rare, la figure de la femme-poisson est encore appréciée dans certaines communautés côtières comme un élément important de la tradition et de l'identité locales.

47. VENDEUR DE VIDÉOCASSETTES

Le vendeur de vidéoclub est responsable de la gestion d'un magasin de location de vidéos. Sa principale fonction était de proposer aux clients une large sélection de films sur cassettes VHS ou DVD, à louer ou à acheter.

Les vendeurs des vidéoclubs tenaient à jour un inventaire des films disponibles à la location ou à la vente. Ils aidaient les clients à choisir les films les mieux adaptés à leurs goûts et à leurs intérêts, traitaient les transactions de location et de retour et veillaient à ce que les supports et les films soient en bon état pour être visionnés.

Les vendeurs de vidéoclubs pouvaient être des propriétaires de petits magasins locaux ou des employés de chaînes de distribution vidéo. Ils étaient généralement de grands amateurs de cinéma et connaissaient très bien les différents genres de films et les détails de leur sortie.

Curiosités

- Dans les années 1980 et 1990, les vidéoclubs étaient très populaires et constituaient un élément essentiel de la culture du divertissement à domicile. Les vendeurs de vidéoclubs ont joué un rôle important en permettant aux spectateurs d'avoir accès à une grande variété de films.

- Avec les progrès technologiques, les vidéoclubs numériques ont fait leur apparition, puis les services de *streaming* en ligne. Cette évolution a entraîné le déclin des vidéoclubs et la disparition de la profession de vendeur de vidéoclubs.

- La nostalgie des vidéoclubs est toujours présente chez de nombreux cinéphiles qui gardent un souvenir impérissable de l'expérience vécue en parcourant les rayons d'un vidéoclub.

48. LECTEUR D'USINE

Le lecteur d'usine était chargé de lire à haute voix aux ouvriers pendant leurs heures de travail. Cette pratique était courante dans les usines aux 19e et 20e siècles, lorsque de nombreux travailleurs étaient analphabètes ou n'avaient guère accès à l'éducation formelle.

Le lecteur de l'usine lisait des journaux, des magazines, des livres ou même des textes éducatifs aux travailleurs pendant qu'ils étaient occupés à leurs tâches répétitives. Les travailleurs pouvaient ainsi se divertir, s'informer et s'éduquer, tout en renforçant leur sentiment d'appartenance et de communauté au sein de l'usine.

Les lecteurs d'usine étaient souvent des travailleurs alphabétisés au sein de l'usine elle-même ou des personnes engagées spécifiquement pour ce rôle. Ils avaient de bonnes compétences en lecture et en communication, ainsi qu'une voix claire et audible.

Curiosités

- La pratique du lecteur d'usine était surtout répandue dans les usines textiles, où les travailleurs passaient de longues heures à effectuer des tâches répétitives.

- Outre le divertissement et l'information, les lecteurs d'usine ont également joué un rôle dans la diffusion d'idées politiques et syndicales parmi les travailleurs, en contribuant aux mouvements de travailleurs et en renforçant la conscience sociale.

- Avec les progrès de l'éducation publique et l'amélioration des conditions de travail, la pratique des lecteurs d'usine disparaît peu à peu, pour n'être plus qu'une curiosité historique.

49. CONTEUR

Le conteur était un narrateur compétent chargé de divertir et d'éduquer les gens à l'aide de récits oraux. Cette profession ancienne remonte à l'aube de l'humanité et a joué un rôle fondamental dans la transmission de la culture, des valeurs et des connaissances à travers les générations.Les conteurs utilisent une combinaison de techniques de narration, de gestes, d'intonations et d'expressions faciales pour donner vie aux histoires qu'ils racontent. Ils pouvaient se produire dans des contextes très variés, notamment sur les places publiques, lors de festivals ou d'événements communautaires, dans les écoles et même au domicile des gens. Les conteurs pouvaient être des artistes professionnels se consacrant exclusivement à cet art, mais aussi des membres respectés des communautés locales qui partageaient des contes, des mythes et des légendes traditionnels. Ils venaient d'horizons divers et jouaient souvent un rôle central dans la préservation de la culture et de l'identité d'un peuple.

Curiosités

- Dans de nombreuses cultures, les conteurs étaient considérés comme les gardiens des connaissances et de la sagesse ancestrales. Ils maintenaient les traditions orales vivantes et contribuaient à la cohésion sociale et culturelle de leurs communautés.

- Malgré l'émergence de médias tels que la presse écrite, le cinéma, la télévision et maintenant l'internet, la tradition du conte persiste sous de nombreuses formes. Aujourd'hui, les conteurs continuent d'inspirer et de captiver le public dans les festivals, les théâtres, les bibliothèques publiques, les *podcasts* et d'autres médias.

- La profession de conteur démontre le pouvoir durable et universel des récits humains pour créer des liens, inspirer et transformer les gens, indépendamment de l'époque ou du contexte culturel.

50. RAMONEUR

Le ramoneur était chargé de nettoyer et d'entretenir les cheminées des maisons et des bâtiments commerciaux. Sa tâche principale consistait à éliminer la suie, les débris et les autres facteurs d'obstruction possibles des cheminées afin de garantir le fonctionnement sûr et efficace des systèmes de chauffage.

Les ramoneurs utilisaient généralement des équipements spécifiques - tels que des brosses, des tiges et des aspirateurs spéciaux - pour pouvoir accéder à l'intérieur des cheminées et les nettoyer. Ils devaient avoir des compétences techniques et connaître les différents types de systèmes de chauffage et les matériaux de construction des cheminées.

Ils peuvent être indépendants ou engagés par des entreprises spécialisées dans le nettoyage ou l'entretien des cheminées. Ils travaillent généralement à des hauteurs élevées et dans des environnements sales, ce qui exige beaucoup de dextérité physique et d'attention aux détails.

Curiosités

- Aux XVIIIe et XIXe siècles, les ramoneurs étaient souvent des enfants en raison de leur petite taille qui leur permettait d'accéder aux espaces étroits des cheminées.

- Avec les progrès de la technologie - et les diverses modifications de la réglementation relative aux règles de sécurité dans la construction des maisons -, la profession de ramoneur n'est plus aussi nécessaire ou fait appel à des procédés complètement différents.

- Il existe encore des professionnels qui proposent ces services, en particulier dans les régions où les systèmes de chauffage traditionnels sont encore largement utilisés.

- Outre le nettoyage des cheminées, les ramoneurs proposent souvent des services d'inspection et d'entretien pour garantir la sécurité et l'efficacité des systèmes de chauffage dans les habitations et les bâtiments commerciaux.

FIN

*SUGGESTIONS DE LIVRES
POUR LES ESPRITS CURIEUX*

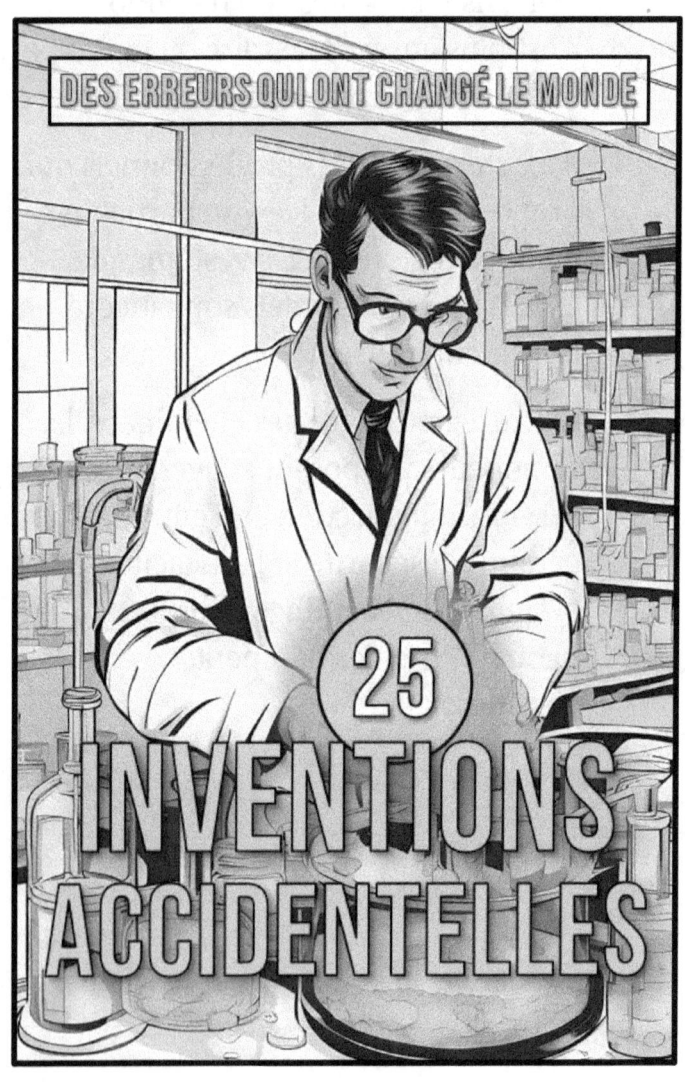

www.ingramcontent.com/pod-product-compliance
Lightning Source LLC
Chambersburg PA
CBHW071101240526
45471CB00016B/2291